BEI GRIN MACHT SICH IHR WISSEN BEZAHLT

AF136179

- Wir veröffentlichen Ihre Hausarbeit, Bachelor- und Masterarbeit

- Ihr eigenes eBook und Buch - weltweit in allen wichtigen Shops

- Verdienen Sie an jedem Verkauf

Jetzt bei www.GRIN.com hochladen und kostenlos publizieren

Die Pflegekammer Nordrhein-Westfalen. Entwicklung, Aufgaben und Themen

David Wittkamp

Bibliografische Information der Deutschen Nationalbibliothek:

Die Deutsche Nationalbibliothek verzeichnet diese Publikation in der Deutschen Nationalbibliografie; detaillierte bibliografische Daten sind im Internet über http://dnb.d-nb.de abrufbar.

ISBN: 9783346567901
Dieses Buch ist auch als E-Book erhältlich.

Druck und Bindung: Books on Demand GmbH, Norderstedt Germany
Gedruckt auf säurefreiem Papier aus verantwortungsvollen Quellen

Das vorliegende Werk wurde sorgfältig erarbeitet. Dennoch übernehmen Autoren und Verlag für die Richtigkeit von Angaben, Hinweisen, Links und Ratschlägen sowie eventuelle Druckfehler keine Haftung.

Das Buch bei GRIN: https://www.grin.com/document/1163304

Lindenburg Akademie
der Universitätsklinik Köln

Weiterbildung für Intensivpflege und Anästhesie

Pflegekammer Nordrhein-Westfalen

David Wittkamp

12.04.2021

Inhaltsverzeichnis

1. Einleitung

Das Thema Pflegekammer ist seit Jahren mal mehr und mal weniger in den Blickpunkt der Politik und der Gesellschaft gerückt. Pflege ist für viele Menschen mit dem Gedanken an Leid und Tod verknüpft, weshalb sich die Gesellschaft eher ungern mit dem Thema beschäftigt. Leider hat sich auch die Politik in den letzten Jahren wenig mit dem Thema befasst. Diese Missachtung des Gesundheitswesens und im Speziellen der Pflege bekommen Pflegekräfte besonders in der aktuellen Corona-Pandemie zu spüren.

So tragisch es klingen mag, die Corona-Pandemie zeigt den Menschen außerhalb der Pflege einen schonungslosen Blick in den Alltag der Fachkräfte. Die Gesellschaft erkennt nach und nach, was die Pflege leistet und unter welchen Bedingungen Pflegefachkräfte arbeiten müssen. Doch es zeigt sich auch, dass in dieser Pandemie häufig über die Pflege, aber nicht mit der Pflege gesprochen wird. In etlichen Talkshow-Runden oder Nachrichtensendungen sind die Vorsitzenden der großen intensivmedizinischen Vereinigungen oder der Ärztekammer damit beschäftigt, den Menschen in Deutschland zu erklären, dass die Pflege an ihre Grenze gestoßen ist. Es darf sich ruhig die Frage gestellt werden, warum hier keine Vertreter von Pflegefachverbänden oder die Vorsitzenden von Pflegekammern eingeladen werden.

Die Antwort auf diese Frage ist recht einfach: Die Pflege in Deutschland hat keine einheitliche Organisation, die für sich selbst spricht und sich in die Politik und die Gesellschaft einbringt.

Eine Lösung für dieses Problem wird schon seit vielen Jahren diskutiert und scheint seit einigen Jahren mehr und mehr an Gestalt anzunehmen. Diese Lösung sind die Pflegekammern.

Im europäischen und internationalen Ausland schon seit vielen Jahrzehnten etabliert, schafft es Deutschland allmählich, eine Struktur beim Thema Pflegekammern aufzubauen. Seit 2015 arbeitet die Pflegekammer Rheinland-Pfalz erfolgreich und auch in Niedersachsen und Schleswig-Holstein sah es lange nach einem guten Modell aus. In beiden Bundesländern gab es aber in den letzten Monaten Rückschläge, welche zur Auflösung der Pflegekammer Niedersachsen und zu einem Votum gegen die Pflegekammer in Schleswig-Holstein geführt haben.

In Nordrhein-Westfalen befindet sich gerade die nächste Pflegekammer im Aufbau und kann hoffentlich im nächsten Jahr ihre Arbeit aufnehmen. Dieses Thema beschäftigt mich persönlich schon seit meinem Studium an der Katholischen-Hochschule Nordrhein-Westfalen. Ich möchte mich in dieser Hausarbeit mit dem Thema Pflegekammer in Nordrhein-Westfalen beschäftigen, da die Pflegekammer für mich die beste Möglichkeit darstellt, um die Pflege zu professionalisieren und den Pflegekräften eine einheitliche Stimme zu geben.

Wir als Pflegende werden hoffentlich nach der Pandemie von der Gesellschaft als nicht selbstverständlich wahrgenommen und haben dann die Möglichkeit, mit einer starken Kammer und einer starken Stimme unsere Interessen zu vertreten und durchzusetzen.

Zur besseren Lesbarkeit wird in der vorliegenden Arbeit auf die gleichzeitige Verwendung männlicher und weiblicher Sprachformen verzichtet. Es wird das generische Maskulinum verwendet, wobei beide Geschlechter gleichermaßen gemeint sind.

2. Pflegekammer in Deutschland

Im folgenden Kapitel werden der Begriff der berufsständischen Selbstverwaltung (Kammern) in Deutschland und im Speziellen die Situation der Pflegekammern näher beleuchtet.

2.1 Berufsständische Selbstverwaltung (Kammern) in Deutschland

Als sogenannte Kammern werden in Deutschland berufsständische Organisationen bezeichnet, die auf einer gesetzlichen Grundlage gebildet werden und ihre Mitglieder in einer Selbstverwaltungseinrichtung vertreten (Polyas o. J.: o. S.). Die Kammern sind sogenannte Körperschaften des öffentlichen Rechts. Diese Körperschaften werden vom Staat im Rahmen eines Gesetzes errichtet und mit der Wahrnehmung bestimmter Aufgaben betraut (Hinz o. J.: o. S.). Allen Kammern liegen dieselben Organisationsprinzipien zu Grunde. Neben der bereits erwähnten Wahrnehmung bestimmter Aufgaben legt das Gesetz auch fest, wer den Kammern als Pflichtmitglied zugehörig ist. Die Selbstverwaltung der Kammern beinhaltet auch das Aufbringen der nötigen Finanzmittel durch Erhebung von Beiträgen sowie die Besetzung der Haupt- und Ehrenämter und die Festlegung eines Haushalts. Der Staat profitiert durch die Errichtung der Kammern von deren Sachverstand und ermöglicht so eine sachgerechte und ortsnahe Aufgabenerledigung. Zusätzlich entlastet er durch die Selbstverwaltung der Kammern die eigenen Verwaltungseinrichtungen (ebd.).

Die Aufgaben der Kammern als berufsständische Organisationen sind vielfältig. Neben der Berufszulassung kann die Kammer auch Berufsverbote oder Strafen aussprechen. Sie haben Einfluss auf die Ausbildungs- und Prüfungsrichtlinien sowie auf die Zulassungsvoraussetzungen für spezielle Positionen nach Weiterbildungen. Zusätzlich agieren die Kammern als Interessenvertretung ihrer Mitglieder (Polyas o. J.: o. S.). Im Vergleich zu Berufsverbänden, die nur für ihre Mitglieder sprechen, haben die Kammern den Vorteil, dass sie aufgrund der Pflichtmitgliedschaft aller Angehörigen des Berufszweiges für eben diesen ganzen sprechen (Martini 2014: 40). Auch der Staat profitiert vom Wissen der Kammern. Er nutzt das Fachwissen, um beispielsweise bei Gesetzgebungsverfahren oder Gerichtsverfahren fundierte Stellungnahmen oder Gutachten einzuholen (ebd.). Grundsätzlich lassen sich Kammern in Deutschland in verschiedene Berufsgruppen einteilen. Im Bereich der wirtschaftlichen Selbstverwaltung gibt es die Industrie- und Handelskammern (IHK), die Handwerkskammern (HWK) sowie die Landwirtschaftlichen Kammern. Daneben bestehen noch die Kammern aus dem Bereich der freien Berufe. Unter dieser Gruppe fallen beispielsweise die Ärztekammern, die Apothekerkammern, die Rechtsanwaltskammern und viele weitere Gruppen, die berufsständisch organisiert sind (IFK o. J.: o. S.).

2.2 Entwicklung der Pflegekammern in Deutschland

„Wir, die wir als selbständige und selbstverantwortliche Menschen dem Leben gegenüberstehen, sind selbst schuldig, wenn wir nicht die rechtlichen Wege suchen und bahnen helfen, um fähig für unsere Lebensaufgabe zu werden. Wer soll denn unseren Beruf aufbauen, wenn wir es nicht selbst tun (Agnes Karll, 1903) (Pauls 2013: o. S.). Dieses Zitat von der Begründerin der modernen Krankenpflege in Deutschland und des ersten deutschen Berufsverbandes für Krankenpflege, Agnes Karll, stammt aus dem Jahre 1903 und ist aktueller denn je. Der Blick ins Europäische Ausland zeigt, dass Deutschland deutlich schlechter aufgestellt ist als andere Länder, was die berufliche Selbstverwaltung der Pflege angeht.

Der Vorreiter der beruflichen Selbstorganisation der Pflegenden ist Großbritannien. Hier werden bereits seit 96 Jahren die Pflegenden auf gesetzlicher Basis registriert (Martini 2014: 46). Dieser Idee sind viele Länder in Europa gefolgt, auch wenn sich die Organisationsstrukturen unterscheiden und nicht alle Kammern mit dem deutschen Berufskammermuster übereinstimmen (Martini 2014: 48). Aktuell gibt es in Dänemark, Irland, Italien, Polen, der Slowakei, Norwegen, Spanien, Ungarn, Slowenien, Portugal, Frankreich und Zypern Pflegekammern, die den Pflegeberuf im jeweiligen Gesundheitssystem vertreten und selbstständig organisiert sind (Pflegekammer NRW o. J.: o. S.).

In Deutschland sprachen sich bereits in den 1970er-Jahren die Pflegekräfte für eine Verkammerung der Pflegeberufe aus (Schwinger 2016: 17). Durch den Pflegenotstand der 1980er-Jahre wurde die Diskussion dann wieder aufgenommen und im Jahr 1990 entstand in Bayern der erste „Förderkreis zur Gründung einer Pflegekammer". Schon wenige Jahre später gab es einige Gesetzesinitiativen in Rheinland-Pfalz, dem Saarland, Bayern und Berlin, doch diese ersten Vorstöße scheiterten. Es dauerte noch rund 15 Jahre, bis im Jahr 2013 die Landesregierung von Rheinland-Pfalz in einer Befragung von Pflegekräften feststellte, dass sich von etwa 9000 registrierten Pflegekräften rund 76% für die Errichtung einer Pflegekammer aussprachen. Am 01.01.2016 nahm mit der Pflegekammer Rheinland-Pfalz die erste Pflegekammer in Deutschland ihre Arbeit auf (ebd.).Der aktuelle Stand zu den Pflegekammern in Deutschland ist in Abbildung 1 zu sehen.

Anmerkung der Redaktion: Diese Abbildung wurde aus urheberrechtlichen Gründen entfernt.

Abbildung 1: Stand 10/2020

Mittlerweile haben sich neben Rheinland-Pfalz auch in Niedersachsen und Schleswig-Holstein Pflegekammern gegründet oder befinden sich auf dem Weg zur Gründung wie in Nordrhein-Westfalen (NRW).
Während in Schleswig-Holstein und Niedersachsen die Pflegekammern bereits im April beziehungsweise August 2018 die Arbeit aufnahmen, dauert es in NRW etwas länger. Im Juli 2020 wurde von der Landesregierung NRW das Gesetz zur Gründung der Pflegekammer auf den Weg gebracht und schon im September 2020 nahm der Errichtungsausschuss seine Arbeit auf (DBfK o. J.: o. S.).
Die Pflegekammer NRW wird im nächsten Kapitel ausführlicher behandelt. Während die Politik in einigen Bundesländern abwarten will, wie sich die Pflegekammern in anderen Bundesländern entwickeln, steht die Pflegekammer in Niedersachsen nach einer erneuten Befragung der Pflegekräfte vor dem Aus und auch in Schleswig-Holstein hat sich die neue Landesregierung aus CDU, Grünen und FDP für eine erneute Befragung der Pflegekräfte entschieden. Die Ergebnisse der letzteren Befragung wurden am 25.03.2021 veröffentlicht. Von den insgesamt 23.579 abstimmungsberechtigten Mitgliedern der Pflegekammer in Schleswig-Holstein nahmen 17.747 an der Abstimmung teil und votierten mit 91,77% für die Auflösung der Kammer (Lücke 2021b: o. S.). Der Vorsitzende des Deutschen Berufsverbandes für Pflegeberufe (DBfK) Nordwest, Martin Dichter, findet: „Bei dieser Abstimmung zur Unzeit - nämlich ohne ausreichenden Vorlauf für eine sicht- und spürbare Wirkung der Pflegeberufekammer - haben viele Faktoren mitgespielt, die sicherlich nicht in unmittelbarem Zusammenhang mit dem konkreten Auftrag der Kammer stehen“ (DBfK 2021: o. S.). Für Dichter hat die insgesamt miserable Grundstimmung in der Pflege den Ausschlag für dieses Votum gegeben (ebd.). Das Ergebnis dieser Abstimmung ist ein weiterer Rückschlag für die Professionalisierung und Selbstverwaltung der Pflegenden in Deutschland.
Die Landesregierung in Niedersachsen hat im November 2020 die gesetzliche Grundlage geschaffen, dass die Pflegekammer in den darauffolgenden sechs Monaten aufgelöst wird. Im Vorfeld hatten sich 71% der Mitglieder gegen den Fortbestand der Kammer ausgesprochen. Hierbei muss berücksichtigt werden, dass von den 78000 Mitgliedern nur 15100 abgestimmt haben (Lücke 2021a: 42). Die Gründe für dieses negative Votum sind vielfältig. Besonders heftig waren die Proteste gegen die Mitgliedsbeiträge und die Unzufriedenheit mit den häufigen Wechseln in den Vorstandspositionen (ebd.).

Neben den Landespflegekammern gibt es seit Juni 2019 die Bundespflegekammer, die sich offiziell als „Pflegekammerkonferenz" betitelt (Lücke 2021a: 45). Bislang bilden die Landespflegekammern Rheinland-Pfalz, Niedersachen und Schleswig-Holstein zusammen mit dem Deutschen Pflegerat die Mitglieder der Pflegekammerkonferenz. Die Aufgaben der Bundespflegekammer bestehen darin, die Interessen der etwa 1,3 Millionen Pflegenden in Deutschland zu vertreten und die länderübergreifende Kommunikation zu steuern (ebd.).

2.2.1 Aufgaben der Pflegekammern

Die Aufgaben der Pflegekammern unterscheiden sich nicht von den Aufgaben der bereits bestehenden Kammern im Handwerksbereich oder in den freien Berufen. Der DBfK, der sich sehr stark macht für die Errichtung von Pflegekammern, nennt folgende Aufgaben:

- Registrierung von Berufsangehörigen
- Erlass einer Berufsordnung zur Regelung von Standards, Pflichten und Qualitätssicherung
- Berufsaufsicht
- Statistik und Erhebung von Strukturdaten
- Weiterbildungsordnungen
- Abnahme von Prüfungen
- Vergabe von Lizenzen und Zertifikaten
- Pflegerische Gutachten und Sachverständige
- Beteiligungen bei der Gesetzgebung
- Beratung (DBfK o. J., o. S.)

Die Aufgaben ermöglichen einen weiteren Schritt in Richtung der Professionalisierung des Pflegeberufs. Durch die Selbstverwaltung und die Möglichkeit, die Aus-, Fort- und Weiterbildung selbst zu gestalten und durchzuführen, kann der Pflegeberuf selbstständiger werden. Zusätzlich kann die Pflegekammer durch verpflichtende Fort- und Weiterbildungen sicherstellen, dass die Ausübung des Berufs auf Grundlage des aktuellen Wissensstandes stattfindet (DBfK o. J.: o. S.). Neben der Professionalisierung wird beispielsweise durch die Registrierung der Pflegekräfte auch die Möglichkeit geboten, eine gute Datengrundlage zu schaffen. Diese Datengrundlage wird in Zukunft helfen, Problemfelder schnell zu identifizieren und Lösungen anzubieten (MSIBW o. J.: o. S.).

Durch Beteiligungen am Gesetzgebungsverfahren bietet sich zusätzlich die Möglichkeit, direkt die eigenen Belange des Berufsstandes in neue Gesetze einzubringen (ebd.). Die Pflegekammer ermöglicht zudem durch eigene Qualitätsstandards die Sicherung einer qualitativ hochwertigen Pflege durch gut qualifizierte Pflegekräfte (DBfK o. J., o. S.). Am Beispiel der Pflegekammer Rheinland-Pfalz zeigt sich, wie die konkrete Gestaltung der Aufgaben aussieht.

In den verschiedenen Gremien der Pflegekammer arbeiten beruflich Pflegende aus der Praxis, aus der Wissenschaft und der Pädagogik zusammen (Landespflegekammer RLP o J.: o. S.) Die einzelnen Ausschüsse zu den verschiedenen Themen, wie beispielsweise Fort- und Weiterbildung, Berufsordnung und Langzeitpflege, sind durch alle Mitglieder geprägt, die sich an der Arbeit der jeweiligen Ausschüsse beteiligen möchten. Durch die verschiedenen Gremien und Ausschüsse erarbeitet die Pflegekammer Rheinland-Pfalz konkrete Maßnahmenpakete, die sie in verschiedenen politischen Gremien, Gesetzgebungsprozesse und durch Lobbyarbeit auch in die Landespolitik einbringt. Zusätzlich ist die Pflegekammer durch gesetzlich festgelegte Mitgliedschaften in politischen Ausschüssen direkt an der Landespolitik beteiligt. So ist die Pflegekammer beispielsweise im Ausschuss der Landeskrankenhausplanung vertreten (ebd.).

Es zeigt sich, dass die Aufgaben der Pflegekammer den Berufsstand weiterbringen und durch gut qualifizierte Pflegekräfte auch deutliche Vorteile für die Versorgung der Bevölkerung entstehen. In den letzten Jahren durfte die Pflege bei Gesetzgebungsverfahren, die den eigenen Berufsstand betreffen, nur von außen zusehen und hatte keinen direkten Einfluss auf den Gesetzgeber. Auch hier kann die Pflegekammer als Standesvertretung die Expertise und die Interessen der Pflegenden besser einbringen.

3. Pflegekammer Nordrhein-Westfalen

Das folgende Kapitel wird sich mit der Entwicklung der Pflegekammer in Nordrhein-Westfalen und den Veränderungen für den Pflegeberuf in NRW beschäftigen.

3.1 Entwicklung der Pflegekammer Nordrhein-Westfalen

In einer Befragung im Landtag Nordrhein-Westfalens im Ausschuss für Arbeit, Gesundheit und Soziales antwortete NRW-Gesundheitsminister Karl-Josef Laumann auf die Nachfrage einer SPD-Abgeordneten: „Ich wünsche mir einfach, dass in Deutschland eine Kammer – auch eine Bundeskammer – in Eigenverantwortung über die Weiterentwicklung der Pflegeberufe entscheidet. Das machen die Ärzte und die Psychotherapeuten. Warum soll das nicht auch die Pflege machen? Wenn wir die Pflege als eine eigenständige und auch auf wissenschaftlicher Basis fundierte Profession im Gesundheitssystem sehen, dann ist das der Grund, warum ich die Auffassung vertrete, dass die Einrichtung einer Pflegekammer eine gute Idee ist" (Landtag NRW 2020: 11).

Dieses Zitat spiegelt den politischen Willen der CDU in Nordrhein-Westfalen wider, eine Pflegekammer auf den Weg zu bringen. Doch bereits vor diesem Zitat wurden wichtige Weichen für die Errichtung der nordrhein-westfälischen Pflegekammer gestellt. Im Jahr 1997 gründete

Heinz Günther Niehus den Förderverein zur Errichtung einer Pflegekammer in Nordrhein-Westfalen (Lücke 2020: 44). Doch auch nach der Gründung des Fördervereins dauerte es nochmals rund 20 Jahre, bis die Politik wirklich aktiv wurde.

Aufgrund der Tatsache, dass sich viele Pflegekräfte nicht genug von den bestehenden Verbandsstrukturen repräsentiert fühlten, entschloss sich die von CDU und FDP geführte Landesregierung dazu, auch in NRW gezielt Pflegekräfte zu befragen (MAGSNRW o. J.: o. S.). Diese repräsentative Befragung von 1500 Pflegenden fand im Oktober 2018 statt und wurde vom Ministerium für Arbeit, Gesundheit und Soziales in Auftrag gegeben (ebd.). Die Auswahl der 1500 Befragten fand über ein externes Institut statt und war repräsentativ (Lücke 2018: 38). Eine Vollerhebung aller ungefähr 200.000 Pflegekräfte in NRW wäre wünschenswert gewesen, war aber nicht möglich, da es kein zentrales Berufsregister gibt (ebd.). Auch hier zeigt sich, dass eine bereits vorhandene Pflegekammer dieses Register schon hätte stellen können.

Die Ergebnisse dieser Befragung zeigten, dass sich 79% der Pflegenden für die Errichtung einer Pflegekammer aussprachen (MAGSNRW o. J.: o. S.). Auf der Grundlage dieser Befragung wurde im Mai 2019 das Heilberufegesetz NRW dahingehend geändert, dass die Interessenvertretung der Pflegenden in Form einer Pflegekammer eingegliedert werden kann (Lücke 2020: 45). Im November 2019 wurde das Gesetz zur ersten Lesung in den Landtag gegeben (ebd.). Nach Abschluss der dritten und letzten Lesung trat das Gesetz zur Errichtung der Pflegekammer Nordrhein-Westfalen am 14.07.2020 in Kraft (MAGSNRW o. J.: o. S.).

Im Anschluss daran berief das Ministerium für Arbeit, Gesundheit und Soziales das Gremium zur Errichtung der Pflegekammer Nordrhein-Westfalen ein. Dieser Errichtungsausschuss nahm am 21.09.2020 seine Arbeit auf und steht unter dem Vorsitz von Sandra Postel (Pflegekammer NRW o. J.: o. S.).

In einem Interview in „Die Schwester Der Pfleger" in der Novemberausgabe 2020 spricht Sandra Postel von einem ambitionierten Zeitplan für den Aufbau der Kammer (Lücke 2020b: 31). Nach der Gesetzesvorgabe des Landes muss die Pflegekammer in Nordrhein-Westfalen bis April 2022 gegründet worden sein. Bis zu diesem Zeitpunkt muss eine vollständige Registrierung aller Pflegefachkräfte in Nordrhein-Westfalen erfolgen. Diese Registrierung ist notwendig, damit eine Wahl der Vertreterversammlung stattfinden kann, um im April 2022 mit einer gewählten Kammervertretung die Arbeit aufzunehmen (ebd.). In Abbildung 2 ist der genau Zeitplan des Errichtungsausschusses zu sehen.

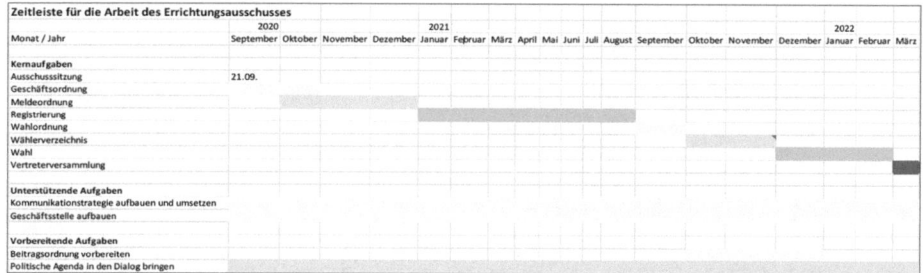

Abbildung 2

In der aktuellen Phase (März 2021) beschäftigt sich der Errichtungsausschuss mit der Registrierung der Mitglieder. Diese Registrierung erfolgt über die Daten der Arbeitgeber in Nordrhein-Westfalen (Lücke 2020b: 31).

Wenn die Daten vorliegen, werden die Mitglieder gesondert angeschrieben, um die Registrierung abzuschließen (ebd.). Neben der wichtigen Registrierung der Mitglieder beschäftigt sich der Errichtungsausschuss in seinen Treffen auch schon mit Themen wie beispielsweise Finanzen, Satzung, Öffentlichkeitsarbeit oder Kommunikation (Lücke 2020b: 31).

Beim Thema Finanzen unterstützt das Ministerium für Arbeit, Gesundheit und Soziales den Start der Pflegekammer mit einer sogenannten Anschubfinanzierung von fünf Millionen Euro (Lücke 2020b: 33). Insgesamt liegt noch eine Menge Arbeit vor dem Errichtungsausschuss der Pflegekammer Nordrhein-Westfalen, doch Sandra Postel blickt zuversichtlich in die Zukunft. Auf die Frage, wo wir beim Thema Pflegekammer in zehn Jahren stehen, sagt sie: „Wir werden auf alle Fälle eine starke Kammer in NRW haben. Wir werden ebenso eine starke Bundespflegekammer haben. Und wir werden auch weitere Landespflegekammern haben" (Lücke 2020b: 35).

3.2 Aufgaben und Themen der Pflegekammer Nordrhein-Westfalen

Die Aufgaben der Pflegekammer Nordrhein-Westfalen sind aufgrund ihrer Organisation als Körperschaft des öffentlichen Rechts natürlich ähnlich den Aufgaben der anderen Berufskammern:

• Registrierung von Berufsangehörigen

• Erlass einer Berufsordnung zur Regelung von Standards, Pflichten und Qualitätssicherung

- Berufsaufsicht
- Statistik und Erhebung von Strukturdaten
- Weiterbildungsordnungen
- Abnahme von Prüfungen
- Vergabe von Lizenzen und Zertifikaten
- Pflegerische Gutachten und Sachverständige
- Beteiligungen bei der Gesetzgebung
- Beratung (DBfK o. J., o. S.)

Neben diesen organisationsbezogenen Aufgaben wird sich die Kammer aber auch vermehrt berufspolitisch einbringen. Die Themen, die der Kammer hierbei besonders wichtig sind, sind etwa die Sicherstellung der adäquaten Personalausstattung, die Gewinnung von Fachkräften und eine dauerhaft bessere Bezahlung von Pflegefachkräften (Lücke 2020b: 31). Zur Unterstützung dieser Ziele sind im Errichtungsausschuss auch Vertreter der Gewerkschaften Komba und des Bochumer Bund eingebunden (ebd.). Diese beiden Gewerkschaften repräsentieren momentan noch wenige Pflegekräfte. Die Gewerkschaft, in der die meisten Pflegekräfte vertreten sind, ist Verdi, doch leider ist Verdi ein großer Kammergegner (Lücke 2020b: 32). Das Interesse des Errichtungsausschusses, dass Verdi sich am Aufbau der Kammer beteiligt, ist groß, weswegen man auch bislang nur 19 der 20 Sitze im Ausschuss vergeben hat (ebd.).

Ein weiterer spannender Punkt ist die Frage nach den Veränderungen für die Weiterbildung in der Intensiv- und Anästhesiepflege. Um konkrete Veränderungen aufzuzeigen, ist es leider noch zu früh, da sich die Kammer noch im Aufbau befindet. Mit Blick auf die Pflegekammer in Rheinland-Pfalz zeigt sich aber, dass die Rahmenvorgaben für die Fachweiterbildung im Bereich Intensiv- und Anästhesiepflege durchaus neu gestaltet werden könnten. In Rheinland-Pfalz werden die neuen Rahmenvorgaben von der Kammer festgelegt und gestalten somit die Fachpflegeausbildung, ohne dass fachfremde Personen Einfluss auf die Weiterbildung haben. In NRW sind die Rahmenvorgaben eine Anlage eines Gesetz- und Verordnungsblatts des Landes (GVNRW 2009). Hier werden also Vorgaben von der Politik gemacht, ohne dass ersichtlich wird, wer diese Vorgaben ausgearbeitet hat. Es bleibt also offen, welche Expertisen in diese Vorgaben einfließen. Ein weiteres Merkmal, welches beim Vergleich der beiden Vorgaben auffällt, ist der Schwerpunkt auf einer evidenzbasierten Pflege. In den Rahmenvorgaben der Pflegekammer Rheinland-Pfalz sind alle Module mit einem eigenen Literaturverzeichnis ausgestattet (Landespflegekammer RLP 2019). Dadurch ist direkt zu erkennen, dass der Inhalt der Module auf aktueller pflegewissenschaftlicher Literatur und Erkenntnissen basiert und den Weiterbildungsteilnehmern eine evidenzbasierte Ausbildung ermöglicht. Diese Angaben fehlen in den Vorgaben des Landes Nordrhein-Westfalen völlig. Diese Rahmenvorgabe der Pflegekammer Rheinland-Pfalz könnte also als Blaupause für eine völlig überarbeitete und neugestaltete Weiterbildungsordnung in Nordrhein-Westfalen dienen. Dadurch könnte man eine Weiterbildung ermöglichen, die von Pflegenden für Pflegende gestaltet und ausgearbeitet wird.

4. Fazit

Die Pflegekammer in Nordrhein-Westfalen hat einen langen und harten Weg hinter sich. Doch mit der Unterstützung der NRW-Landesregierung ist es geglückt, sie zu gründen und sie im nächsten Jahr mit ihrer Arbeit starten zu lassen. Die ersten Schritte sind getan, doch es liegen große Aufgaben vor der Kammer. Neben den organisatorischen und verwaltungstechnischen Aufgaben muss die Kammer auch das Vertrauen vieler Pflegefachkräfte in Nordrhein-Westfalen gewinnen.

Durch die Abstimmungen in Niedersachsen und Schleswig-Holstein ist das Vertrauen in die Institution Pflegekammer stark beschädigt worden. Hingegen beweist die Pflegekammer in Rheinland-Pfalz, wie gut eine Kammer funktionieren kann. Die Aufgaben, die von der Kammer übernommen werden, dienen dazu, unseren Berufsstand zu stärken und selbstständiger zu machen. Durch eine einheitliche Berufsordnung, geregelte Qualitätsstandards und die Möglichkeit, sich Gehör in der Politik zu verschaffen, kann die Pflegekammer unseren Beruf auf eine neue Stufe der Professionalisierung heben und für den kompletten Berufszweig etwas erreichen.

Das Vertrauen, das ein ganzer Berufszweig in Nordrhein-Westfalen in die Institution der Pflegekammer setzt, muss also von eben dieser auch zurückgezahlt werden. Viele andere Berufszweige in Deutschland sind seit Jahrzehnten in Kammern organisiert und profitieren von diesen Strukturen. Wir als Pflege müssen endlich erkennen, dass wir nur etwas erreichen, wenn wir mit einer Stimme sprechen und wenn wir es schaffen, uns zu organisieren. Genau aus diesem Grund brauchen wir die Pflegekammer. Der Blick ins Ausland zeigt, dass Pflegende in vielen großen Industrienationen in Kammern organisiert sind. In Ländern wie den USA oder Großbritannien genießen Pflegekräfte ein hohes Ansehen und brauchen zur Ausübung ihres Berufs die Zulassung in der Pflegekammer. Dies stärkt die Professionalität unseres Berufs und zeigt, dass Pflege eben nicht jeder ausüben kann.

Wenn die neue Pflegekammer in Nordrhein-Westfalen im nächsten Jahr mit ihrer Arbeit beginnen kann, dann ist dies ein großer Tag für die Pflegenden in Nordrhein-Westfalen. Die Kammer steht für vieles, was sich die Kollegen und ich uns seit Jahren wünschen.

5. Literaturverzeichnis

Deutscher Berufsverband für Pflegeberufe (DBfK) (2021): Kaum Perspektiven, viel Frust: negatives Ergebnis für die Pflegeberufekammer in Schleswig-Holstein.
URL: https://www.dbfk.de/de/presse/meldungen/2021/Kaum-Perspektiven-viel-Frust-negatives-Ergebnis-fuer-die-Pflegeberufekammer-in-Schleswig-Holstein.php (gesichtet: 26.03.2021)

Deutscher Berufsverband für Pflegeberufe (DBfK). URL: https://www.dbfk.de/de/themen/Pflegekammer.php (gesichtet: 21.03.2021)

Gesetz- und Verordnungsblatt für das Land Nordrhein-Westfalen - Nr. 43 vom 28. Dezember 2009 (GVNRW) (2009). URL: https://www.google.com/url?sa=t&rct=j&q=&esrc=s&source=web&cd=&ved=2ahUKEwi-Orsqk9ubvAhXj_rslHV6tDdIQFjAJeg-QIChAD&url=https%3A%2F%2Frecht.nrw.de%2Flmi%2Fowa%2Fbr_show_anlage%3Fp_id%3D9661&usg=AOvVaw3MrHnr28qS9B1hvJmXPc3J (gesichtet: 05.04.2021)

Hinz, Hans Werner. URL: https://www.kas.de/de/web/soziale-marktwirtschaft/kammerwesen (gesichtet: 20.03.2021)

Institut für Kammerrecht e.V. (IFK). URL: https://www.kammerrecht.de/deutschland/ (gesichtet: 20.03.2021)

Landespflegekammer Rheinland-Pfalz (Landespflegekammer RLP) (2019): 2. Rahmenvorgabe: Fachweiterbildung für Intensivpflege und Pflege in der Anästhesie. Stand: 01.01.2019.
URL: https://www.bk-trier.de/media-bkt/docs/Bildung-Karriere/Rahmenvorgabe-2_2019-02_Rheinland-Pfalz.pdf (gesichtet: 05.04.2021)

Landespflegekammer Rheinland-Pfalz (Landespflegekammer RLP). URL: https://www.pflegekammer-rlp.de/index.php/lpflk-rlp.html#aufgaben (gesichtet: 26.03.2021)

Landtag NRW, Ausschuss für Arbeit, Gesundheit und Soziales (2020). URL: https://www.landtag.nrw.de/portal/WWW/dokumentenarchiv/Dokument/MMA17-1112.pdf (gesichtet: 25.03.2021)

Lücke, Stephan (2018): Dieses Votum ist wegweisend; in: Die Schwester Der Pfleger 9|2018; 57: 38-39, Bibliomed Medizinische Verlagsgesellschaft mbH: Melsungen.

Lücke, Stephan (2020a): Natürlich wird es Gemecker geben - Aufbau der Pflegekammer Nordrhein-Westfalen; in: Die Schwester Der Pfleger 3|2020; 59: 44-45, Bibliomed Medizinische Verlagsgesellschaft mbH: Melsungen.

Lücke, Stephan (2020b): Es liegt eine grosse Aufgabe vor uns; in: Die Schwester Der Pfleger 11|2020; 59: 30-35, Bibliomed Medizinische Verlagsgesellschaft mbH: Melsungen.

Lücke, Stephan (2021a): Pflegekammer-Update 2021; in: Die Schwester Der Pfleger 1|2021; 60: 40-44, Bibliomed Medizinische Verlagsgesellschaft mbH: Melsungen.

Lücke, Stephan (2021b): Mitgliederbefragung in Schleswig-Holstein - 91,77% votieren gegen Kammer. URL: https://www.bibliomed-pflege.de/news/9177-votieren-gegen-kammer (gesichtet: 26.03.2021)

Martini, Mario (2014): Die Pflegekammer - verwaltungspolitische Sinnhaftigkeit und rechtliche Grenzen, Duncker & Humblot GmbH: Berlin.

Ministerium für Arbeit, Gesundheit und Soziales des Landes Nordrhein-Westfalen (MAGS-NRW). URL: https://www.mags.nrw/pflegekammer (gesichtet 25.03.2021)

Ministerium für Soziales und Integration Baden-Württemberg (MSIBW). URL: https://sozialministerium.baden-wuerttemberg.de/de/gesundheit-pflege/pflege/pflegekammer-in-baden-wuerttemberg/aufgaben-einer-pflegekammer/ (gesichtet: 23.03.2021)

Pauls, Birte (2013). URL: https://www.birte-pauls.de/2013/06/18/pflege-durch-selbstverwaltung-staerken/ (gesichtet: 20.03.2021)

Pflegekammer NRW. URL: https://www.pflegekammer-nrw.de/index.php/entwicklung-in-europa (gesichtet: 21.03.2021)
Polyas. URL: https://www.polyas.de/wahllexikon/kammer (gesichtet: 20.03.2021)

Schwinger, Antje. (2016): Zum Wohle der Gesellschaft? Ein internationaler Vergleich von Ausgestaltung und Wirkung der berufsständischen Selbstverwaltung von Pflegekräften. Berlin.

URL: https://www.researchgate.net/profile/Antje-Schwinger/publication/313611385_Zum_Wohle_der_Gesellschaft_Ein_internationaler_Vergleich_von_Ausgestaltung_und_Wirkung_der_berufsstandischen_Selbstverwaltung_von_Pflegekraften/links/5c3519df458515a4c71770ae/Zum-Wohle-der-Gesellschaft-Ein-internationaler-Vergleich-von-Ausgestaltung-und-Wirkung-der-berufsstaendischen-Selbstverwaltung-von-Pflegekraeften.pdf (gesichtet: 21.03.2021)

6. Abbildungsverzeichnis

Abbildung 1:

https://www.dbfk.de/de/themen/Pflegekammer.php (21.03.2021)

Abbildung 2:

Errichtungsausschuss der Pflegekammer NRW (2020): Power Point Präsentation; Informationsveranstaltung | Errichtung der Pflegekammer NRW, 01.11.2020, Seite 4. (Verfügbar beim Autor)